BEI GRIN MACHT SICH IHR WISSEN BEZAHLT

- Wir veröffentlichen Ihre Hausarbeit, Bachelor- und Masterarbeit

- Ihr eigenes eBook und Buch - weltweit in allen wichtigen Shops

- Verdienen Sie an jedem Verkauf

Jetzt bei www.GRIN.com hochladen und kostenlos publizieren

GRIN ☺

Sara Messing

Zum Begriff Evaluation - Exkurs: Qualität und Evaluation im System Hochschule

GRIN Verlag

Bibliografische Information der Deutschen Nationalbibliothek:

Die Deutsche Bibliothek verzeichnet diese Publikation in der Deutschen National-
bibliografie; detaillierte bibliografische Daten sind im Internet über http://dnb.d-
nb.de/ abrufbar.

Impressum:

Copyright © 2001 GRIN Verlag GmbH
Druck und Bindung: Books on Demand GmbH, Norderstedt Germany
ISBN: 978-3-638-92128-2

Dieses Buch bei GRIN:

http://www.grin.com/de/e-book/27627/zum-begriff-evaluation-exkurs-qualitaet-
und-evaluation-im-system-hochschule

GRIN - Your knowledge has value

Der GRIN Verlag publiziert seit 1998 wissenschaftliche Arbeiten von Studenten, Hochschullehrern und anderen Akademikern als eBook und gedrucktes Buch. Die Verlagswebsite www.grin.com ist die ideale Plattform zur Veröffentlichung von Hausarbeiten, Abschlussarbeiten, wissenschaftlichen Aufsätzen, Dissertationen und Fachbüchern.

Besuchen Sie uns im Internet:

http://www.grin.com/

http://www.facebook.com/grincom

http://www.twitter.com/grin_com

Kurzreferat

Studienbereich 2:

Sozialarbeitsforschung

Veranstaltung:

4.3 Praxisforschung II

Thema:

Zum Begriff Evaluation

Exkurs: Qualität und Evaluation im System Hochschule

Semester: Sommersemester 2001

Inhaltsverzeichnis

1. Einleitung

Die Veranstaltung 4.3 Praxisforschung II befasst sich in diesem Semester mit der Evaluation Sozialer Arbeit als einem Teilbereich sozialwissenschaftlicher Forschung. Im Rahmen dieser Veranstaltung habe ich mir das Thema „Evaluation, Innovation und Qualitätsmanagement" zum Erstellen eines Kurzreferates ausgesucht.

Beim Kopieren der angegebenen Literatur entdeckte ich einen Artikel von Helmut Kromrey, der sich mit der Thematik von Qualität und Evaluation im System Hochschule beschäftigt und den ich mir aus Interesse ebenfalls kopierte.

Mein Kurzreferat beginnt damit, den Begriff der Evaluation näher zu erläutern und seine Herkunft zu klären. Im Anschluss daran möchte ich einige Schlagworte näher erläutern, die mit dem Begriff der Evaluation im Zusammenhang stehen und ihn des öfteren begleiten.

Es folgt im dritten Kapitel ein kurzer geschichtlicher Rückblick auf die Evaluationsforschung. Im Anschluß daran stelle ich Funktionen vor, die die Evaluation haben kann. Diese Aufzählung beruht nicht auf Vollständigkeit und drückt nicht aus, dass jede Evaluation alle genannten Funktionen erfüllen muss.

Im fünften Kapitel möchte ich mich dem bereits o.g. Artikel widmen und werde Kromreys Vorschlag zur Evaluation im System Hochschule vorstellen.

2. Begriffsklärung

2.1 Herkunft und Bedeutung

Das Substantiv **Evaluation** bzw. **Evaluierung** oder auch **Evaluationsforschung** ist aus dem Lateinischen hergeleitet und wird mit „Bewertung" übersetzt. Es ist zusammengesetzt aus den beiden Wörtern *ex* „aus" und *valeur* „Wert", aus dem Mittellateinischen *valor* „Wert, Preis". Das französische Verb **évaluer** wird übersetzt mit „berechnen, schätzen" (vgl. Knaurs Herkunftswörterbuch 1982, S. 145).

Da der Begriff aus den USA eingeführt wurde und die Evaluierungsforschung dort ihre Anfänge nahm, möchte ich hier noch die Übersetzung von evaluation nennen: „(Ein)schätzung; Festsetzung; Einschätzung, Beurteilung,; Auswertung; Abwägung; Bewertung." (vgl. Pons 1996, S. 382).
Die Protagonisten dieser Forschungsrichtung waren u.a. E.A. Suchmann (1967), C.H. Weiss (1972, dt. 1975), P.H. Rossi, H.E. Freeman (1979) und L.J. Cronbach, um nur einige Namen zu nennen (vgl. Hellstern / Wollmann 1984, S. 17f.).

In der Fachliteratur der Erziehungswissenschaft, Sozialpolitik, Entwicklungspolitik und Sozialpädagogik wird unter dem Begriff der Evaluation *„die akkurate Einschätzung des Wertes einer Einrichtung oder Maßnahme mit Methoden und Instrumente der empirischen Sozialforschung"* verstanden (vgl. Müller, C.W. in: Wörterbuch Soziale Arbeit 1996, S. 189).
In den Sozialwissenschaften (Soziologie, Psychologie, Pädagogik, Sozialarbeit) versteht man laut Haupert allgemein unter Evaluation *„die Einschätzung und Bewertung der Wirkung von Einrichtungen, Massnahmen oder Verfahrensweisen, der mit den jeweiligen Fachrichtungen verbundenen Praxis, mit den Methoden und dem Instrumentarium der empirischen Sozialforschung..., mit dem Ziel, Entscheidungen über den Fortgang und / oder Fortbestand auf der Grundlage empirische gesicherter Ergebnisse zu treffen."* (vgl. Haupert 1989, S. 4).

2.2 Zum Begriff Evaluation / Evaluationsforschung

In der Evaluationsforschung trifft man häufig auf Begriffe wie formative oder summative Evaluation bzw. prozess- oder produktorientierte Forschung und diese drücken aus ob entweder schon während des Prozesses oder im Anschluss daran Bilanz gezogen wird. Darüber hinaus gibt es die Möglichkeiten der Fremd- und Selbstevaluation bzw. der externen und internen Evaluation. Diese Betrachtungen möchte ich im folgenden näher erläutern.

2.2.1 Formative und summative Evaluation, bzw. prozess- oder produktorientierte Forschung

Das lateinische Wort *formare* bedeutet „ bilden, formen, gestalten" und daraus kann man auch die Bedeutung für den Forschungstypus der formativen Evaluationsforschung herleiten. Diese Bezeichnung drückt aus, dass „die Forschung noch an der Formung des Programms beteiligt ist" (vgl. Müller 1998, S.160). Dadurch wird gewährleistet, dass schon während des Programmablaufes Veränderungen vorgenommen werden können.

Die prozessorientierte Forschung ist im Grunde genommen nichts anderes, denn schon während einer Maßnahme o.ä. finden Entwicklungs- und Lernprozesse statt. Stockmann schreibt der formativen Evaluationen folgende Eigenschaften zu: „aktiv-gestaltend, prozeßorientiert, konstruktiv und kommunikationsfördernd" (vgl. Stockmann 2000, S.14).

Die summative oder auch produktorientierte Forschung drückt wie der Name schon aus, das man am Ende eines Programmes fragt, was „summa summarum" dabei heraus gekommen ist. Es interessiert vor allen Dingen, ob der angestrebte Soll-Zustand erreicht worden ist (a.a.O.). Stockmann umschreibt die summative Evaluation wie folgt: „zusammenfassend, bilanzierend und ergebnisorientiert" (vgl. Stockmann 2000, S. 14).

An dieser Stelle möchte ich kurz die Begriffe Effizienz und Effektivität erwähnen, die bei dieser Forschungsmethode doch sehr im Vordergrund stehen. Auf den ersten Blick erscheint es sinnvoll eine soziale Einrichtung oder Dienstleistung danach zu beurteilen, ob sie ihre vorgegebenen Ziele erreicht hat. Doch wenn man genauer hinsieht wird man feststellen müssen, dass diese Betrachtungsweise zu kurz greift (vgl. Heiner 1986 S. 72). Heiner kritisiert die produktorientierte Evaluation in folgenden drei Punkten:

- Nebeneffekte und Folgekosten werden nicht beachtet
- Soziale Dienste und Einrichtungen sind nicht für das Beseitigen von Problemen zuständig
- Fachliche Qualität ist ein wichtiges Beurteilungskriterium

Heiner schlägt deshalb vor den produktorientierten Begriff von Effektivität weiter zu fassen, um vier Dimensionen der Effektivität sozialer Arbeit zu erfassen:

1. Effektivitätsanalyse, zur Überprüfung, ob gewisse Ziele erreicht worden sind;
2. Effizienzanalyse, zum Kosten-Nutzen Vergleich
3. Verträglichkeitsanalyse, zur Untersuchung möglicher Nebeneffekte und Spätfolgen auf das ökologische Gleichgewicht verschiedener sozialer Systeme (Klient, Familie, Freundeskreis, Nachbarschaft...)
4. Qualitätsanalyse, zur Überprüfung der fachlichen Qualität

(vgl. Heiner 1986, S. 72f.)

Die beiden Formen schließen sich allerdings nicht aus, letztendlich können während der Durchführungsphase sowohl die formative als auch die summative Evaluation möglich sein (vgl. Stockmann 2000, S. 14).

2.2.2 Fremd- und Selbstevaluation bzw. externe und interne Evaluation

Die Bezeichnung Fremd- bzw. Selbstevaluation lässt darauf schließen, dass es bei der Fremdevaluation darum geht, dass jemand von außen (ein Nicht-Beschäftigter des Auftraggebers) eine Maßnahme evaluiert. Dabei kann es sich um eine Abschluss- bzw. Zwischenevaluierung oder eine begleitende Evaluation (Begleitforschung) handeln (vgl. Haupert 1989, S. 4).

Bei der Selbstevaluation werden ähnliche Verfahren wie bei der Fremdevaluation angewendet, jedoch unterscheidet sie sich dadurch, dass z.B. die eigene Maßnahme o.ä. evaluiert wird.

3. Zur Geschichte der Evaluation / Evaluationsforschung

Wie bereits in 2.1 schon erwähnt stammt der Begriff der Evaluation aus den USA. Die klassische Art der Evaluationsforschung stammt von dem Statistiker R.A.Fisher, der in den 30er Jahren in Nordamerika auf einer landwirtschaftlichen Versuchsstation Experimente mit Saatgut und Düngemittel durchführte. Dabei wurden zwei Felder, die identischen Bedingungen ausgesetzt waren, zum einen nur mit Saatgut und zum zweiten mit Saatgut und Düngemittel besät (vgl. C.W. Müller in: Wörterbuch Soziale Arbeit 1996, S. 189).

Dieses Verfahren nennt sich kontrollierendes und vergleichendes Experiment, das sich natürlich nicht ganz einfach auf die Soziale Arbeit übertragen lässt.

Dennoch wird dort eine möglichst genau definierte Bevölkerungsgruppe in der zu evaluierenden Einrichtung mit der zu evaluierenden Maßnahme „behandelt". Zur gleichen Zeit wird eine soziologisch möglich sehr ähnliche Gruppe zur Kontrolle mit gleichen Symptomen entweder nicht oder mit einer herkömmlichen Methode „behandelt". Die Bedingungen im Experiment werden gleich gehalten und treten am Ende der „Behandlung" Unterscheide auf, können diese als Effekte der zu evaluierenden Einrichtung und Maßnahme interpretiert werden (a.a.O.).

Es gab bereits in den USA in den 30er und 40er Jahren Evaluationsstudien, die die „Reformprogramme zur Verminderung der Arbeitslosigkeit und der Verbesserung der sozialen Sicherheit im Rahmen des „New Deals"" begleiteten (vgl. Stockmann, S. 21). Weitere wissenschaftliche Pionierarbeiten sind die Feldstudien von Lewin (1951), die Untersuchung zu demokratischen und autoritären Führungsstilen von Lippitt und White (1953) sowie Studien über die psychischen und sozialen Folgen technologischer Innovationen der Hawthorne-Werke von Roethlisberger / Dickson (1934).

Ab den 60er Jahren hielt die Evaluationsforschung auch Einzug in die Bereiche der Sozial-, Bildungs-, Gesundheits-, Ernährungs- und Infrastrukturprogramme.

Die Entwicklungen der Evaluationsforschung in der BRD setzten zu diesem Zeitpunkt etwa ein und man beschäftigte sich mit Programmen in den Feldern Bildung und Erziehung, Stadterneuerung und Infrastruktur (a.a.O., S. 24).

Diese haben heute eine neue Aktualität bekommen, durch Schlagworte wie: „Qualitätsforschung, Qualitätsmanagement, Qualitätssicherung, Total Quality Management (TQM)" (vgl. Müller 1998, S.166). Im letzten Kapitel dieses

Kurzreferates möchte ich mich mit dem Thema von Qualität und Evaluation im System Hochschule beziehen, wobei ich mich auf einen Artikel von Helmut Kromrey stützen werde.

4. Funktionen der Evaluation

Wie schon angedeutet, wird Evaluation nicht um ihrer Selbst willen durchgeführt. Mit Evaluationen werden Maßnahmen gesteuert, optimiert, bewertet, legitimiert und dokumentiert. Mit Hilfe der Evaluation kann ein Lernprozess unterstützt und Lernerfolge kontrolliert werden. Welche funktionalen Zusammenhänge mit erster Priorität betrachtet werden hängt vom Blickpunkt des Betroffenen und vom Einzelfall in der konkreten Situation ab.

4.1 Steuerungs- und Optimierungsfunktion

Wird Evaluation im Sinne von Prozessevaluation, in komplexen, unübersichtlichen Situationen gestaltet oder ist eine Maßnahme noch in der Planungsphase und in ihren Auswirkungen noch nicht sehr detailliert erfasst, dann kommt die Steuerungs- und Optimierungsfunktion besonders deutlich zum Tragen (vgl. Will u.a., S.20f; auch Jansen, 1995, S. 73f). Laufend werden Zwischenergebnisse der Maßnahme unter Einbeziehung aller Beteiligten ausgewertet und unmittelbar für die Verbesserung des Prozesses oder einzelner Aspekte der Maßnahme genutzt.

4.2 Bewertungs- und Beurteilungsfunktion

Diese Funktion wird im allgemeinen durch eine Produktevaluation gewährleistet und ist verbunden mit Begriffen wie: Erfolgskontrolle, Effizienzforschung oder Nutzwertanalyse. Die Bewertungs- und Beurteilungsfunktion ist fast immer mit einer Entscheidung verbunden (vgl. Will u.a., S.21). Eine Evaluation, die dieser Funktion und der Entscheidungssituation gerecht werden soll, vergleicht das Endergebnis eines Produkts mit den Zielen, die mit diesem Produkt erreicht werden sollte. Es werden die Ergebnisse (wenn möglich) in nachprüfbaren

Messwerten beschrieben, nach festgelegten Qualitätskriterien eingeordnet, Teilergebnisse in ihrer Wertigkeit gewichtet und im Hinblick auf das Ausmaß der Zielerreichung bewertet.

Als schwierig und problematisch hat sich zur Erfüllung dieser Funktion die Erstellung der Qualitätskriterien und der Wertmaßstäbe, nach denen die Ergebnisse bewertet werden, erwiesen. Es sollten im Grundsatz immer die vorher definierten Kriterien und erklärten Wertmaßstäbe allen Beteiligten bekannt sein, damit eine qualitativ - bewertende Stellungnahme durch Entscheidungsträger und Betroffenen nachvollzogen werden kann.

4.3 Entscheidungsfunktion

Die Entscheidungsfunktion der Evaluation hängt eng mit der Bewertungs- und Beurteilungsfunktion zusammen. Jede z.B. betrieblich Weiterbildungsmaßnahme zielt nicht nur auf die Erhöhung des reinen Fachwissens der Mitarbeiter ab, sondern es soll ja die Handlungskompetenz des Mitarbeiters gesteigert werden. Eine bessere Qualifizierung, höherwertige Fähigkeiten und Fertigkeiten des Mitarbeiters, solle dem Betrieb Nutzen und Erfolg bringen. Solche betriebliche Entscheidungen über Maßnahmen sind in Verbindung mit verfügbaren Ressourcen (Geld, Zeit, Personal, Räume) zu betrachten. Entscheidungen sollten nicht nur "aus dem Bauch heraus" , auf der Grundlage von geäußerten Meinungen oder Ansichten getroffen werden, sondern möglichst rational, auf der Grundlage von aussagekräftigen, objektiven und bewerteten Informationen. Evaluationen liefern hierzu einen qualifizierten Beitrag.

4.4 Kontroll- und Disziplinierungsfunktion

Evaluationsergebnisse geben nicht nur Aufschluss über den Erfolg oder Misserfolg einer Maßnahme, sondern sie erlauben dem Auftraggebern auch Rückschlüsse sowohl auf die Leistungsfähigkeit des innerbetrieblichen Bildungssystems als auch auf die Qualität einzelner Dozenten oder die Leistungssteigerung einzelner Teilnehmer. Für die Kontrolle einer möglicherweise zu aktivem Eigenleben neigenden Abteilung durch das

Management ist dieser Funktionsbereich von besonderem Interesse. Das Bewusstsein, dass aber auch noch andere personenbezogene Erkenntnisse aus der Evaluation gezogen werden können, führt oft zu Widerstandsverhalten gegenüber einer Evaluation (vgl. Zuschlag, 1987).

4.5 Legitimationsfunktion

Sowohl die Produkt- als auch die Prozessevaluation kann mit ihren detaillierteren Aufnahmen und den empirischen Bewertungen der Ursachen für positive Ergebnisse und / oder negative Auswirkungen von Maßnahmen einen Beitrag (schon alleine durch ihre Offenlegung) zur Legitimation leisten. Insbesondere dann, wenn als Ergebnis einer Maßname sowohl Leistungssteigerung im Funktionsfeld (mehr Umsatz, zufriedene Kunden, geringere Krankheitsrate) als auch Lernerfolge bei den Betroffenen festgestellt werden konnte, ist die Wiederholung oder Ausweitung einer Maßnahme erfolgreich zu begründen (vgl. Münch/Müller, S. 38f).

4.6 Integrationsfunktion

Die Integrationsfunktion der Evaluation wird besonders in dem partizipativ angelegtem Beratungsmodell deutlich. Durch das Bestreben, alle Betroffenen in die Zielsetzung, Planung, Durchführung und Auswertung mit einzubeziehen, kann durch die intensive Zusammenarbeit der Mitarbeiter an einem besonderen Projekt der Zusammenhalt gefördert werden. Darüber hinaus kann durch die gemeinsame Erstellung von transparenten Zielkriterien eine besonders starke Identifizierung mit der Maßnahme erreicht werden.

4.7 Intensivierung des Lernens

Seminarteilnehmer, Auszubildende, Hospitanten (u.a.) in einem Betrieb, die gleichzeitig als Teilnehmer an einem ihre eigene Maßnahme betreffenden formativen Evaluation beteiligt werden, sind nicht nur Objekte in einem Evaluationsprozess, sondern handelnde Akteure und Forscher ihres eigenen

Lernprozesses (vgl. Münch/Müller, S. 39f; auch Wiendieck, S. 153f). Lern- und Transferprobleme erleben die Teilnehmer unmittelbar, sie sammeln zielgerichtet Informationen und werten sie auch für sich unmittelbar aus, sie werden zur Einschätzung der Wirksamkeit der Maßnahme befragt, nehmen Stellung zu Zielsetzungen, Inhalten, Methoden der Maßnahme und leisten damit einen aktiven Beitrag zu den möglicherweise notwendigen qualitativen und quantitativen Veränderungen.

Damit sind sie auch handelnde Subjekte in einem Lehr- und Lernprozess. Dies kann sich ausgesprochen positiv auf die eigene Lernmotivation und Mitwirkungsbereitschaft auswirken, nicht nur in der unmittelbar durchgeführten Evaluation, sondern auch im sonstigen Arbeitsumfeld oder im Funktionsfeld.

5. Exkurs: Evaluation in der Hochschule

Wie bereits erwähnt möchte ich mich im folgenden mit dem Artikel „Qualität und Evaluation im System Hochschule" von Helmut Kromrey beschäftigen.

Gleich zu Beginn seines Artikels kritisiert Kromrey die vielseitige, inflationäre und fast alltägliche Verwendung des Evaluationsbegriffs. Er definiert „Alltagsevaluationen" wie folgt: *„Irgendwer bewertet irgend etwas irgendwie unter irgendwelchen Gesichtspunkten."* (vgl. Kromrey 2000, S. 233). Auf Grund der mannigfaltig zu evaluierenden „Gegenstände" im System Hochschule schätzt er die dort durchzuführenden Untersuchungen als nicht sehr einfach ein. Seine Bedenken möchte ich an späterer Stelle noch etwas genauer ausführen. Doch sei es auch deswegen schwierig, da man oft schon im Zusammenhang ganz gewöhnlicher Umfrageforschungen von Evaluation spricht.

Stellt man sich die Frage zu welchem Zweck evaluiert werden soll greift Kromrey in seinen weiteren Ausführungen einen Vorschlag von Eleanor Chelimsky auf, die drei Funktionen der Evaluation unterscheidet:

1. Evaluation zur Verbreiterung der Wissensbasis

Kromrey bezeichnet diese Funktion als das „Forschungsparadigma" der Evaluation. Neben dem „eigentlichen" Evaluationszweck sollen Evaluationsprojekte grundlagenwissenschaftliche Ziele verfolgen, um die Wirksamkeit von sozialen Interventionen zu erforschen und sie stellen das

Bindeglied zwischen Theorie und Praxis dar (vgl. Kromrey 2000, S.235). Evaluationsforschung wird hier als Wirkungsforschung und Evaluation als wertneutrale technologische Aussage verstanden.

2. Evaluation zu Kontrollzwecken

Diese Funktion wird von Kromrey als „Kontrollparadigma" der Evaluation bezeichnet. Dabei wird die Planung auf ihren Erfolg hin kontrolliert und muss sich bestimmten Erfolgskriterien stellen, wie z.b. Effektivität, Effizienz und Akzeptanz usw.

3. Evaluation zu Entwicklungszwecken

Kromrey nennt diese Funktion das „Entwicklungsparadigma" der Evaluation. Dies entspricht der in 2.2.1 näher ausgeführten formativen Evaluation, die auch als „offen" bezeichnet wird, da Problem- und Fragestellung, methodisches Vorgehen, Bewertungskriterien und die Zielgruppen der Evaluationsberichte noch nicht feststehen müssen.

(vgl. Chelimsky, E.: Thoughts for a new evaluation society. In: Evaluation, 3(1), S. 97-109. Zitiert in Kromrey 2000, S. 235)

Wenn es nun um Qualität und Evaluation im Bereich Hochschule geht, dann sollen fast immer aus allen drei Funktionsbereichen Erkenntnisse geliefert werden und dies womöglich mit geringen Kosten- und Arbeitsaufwand. Das *Forschungsparadigma* deswegen, weil man Erkenntnisse darüber gewinnen möchte, „wovon Lehren und Studieren abhängt und wie der Erfolg gefördert (wenn schon nicht garantiert) werden kann". Effektivität und Effizienz lassen sich durch das *Kontrollparadigma* überprüfen, um z.b. die in den Hochschulbereich geflossenen Gelder aus öffentlichen Mitteln zu untersuchen. Das *Entwicklungsparadigma* soll dabei helfen, „Maßnahmen zur Verbesserung der Qualität von Lehre und Studium zu konzipieren, zu implementieren und zu testen"(a.a.O.S. 237).

Die oben angesprochene Schwierigkeit liegt nun u.a. darin, dass es kein festes Schema beim Vorgehen der Evaluation gibt. Und das heißt, dass die vorgestellten Paradigmen keinen „Königsweg der Hochschulevaluation" darstellen.

Darüber hinaus gibt es ein großes Feld an zu evaluierenden Gegenständen. Ein weiteres Problem stellen die unterschiedlichen Zielgruppen und deren

Anforderungen dar, sei es von Seite der Professoren, Studenten oder zukünftigen Arbeitgebern, um nur einige Beispiele zu nennen.

Um dem System Hochschule gerecht zu werden ist die Evaluation sehr zeit- und ressourcenaufwendig und wenn Qualitätsverbesserungen angestrebt werden, zudem noch auf aktive Akzeptanz (Mitwirkungsbereitschaft) angewiesen.

Wenn man in dem Sektor Lehre und Studium von Qualität spricht, wird man sehr schnell feststellen, dass dieser Begriff recht unbestimmt ist, viele Dimensionen aufweist, unterschiedliche Bedeutungen in unterschiedlichen Kontexten hat und „für unterschiedliche Zielgruppen nicht in einer Weise empirisch abbildbar ist, wie es das wissenschaftliche Konzept „messen" verlangt."(a.a.O. S.241). Doch wenn die Forschung die Qualität der Hochschule nicht messen kann (im Gegensatz zur Güterproduktion, wo das output sehr leicht messbar ist), so kann man von ihr Informationen einfordern, um den Wert der zu evaluierenden Sachverhalte aus unterschiedlichen Perspektiven einzuschätzen. Diese Informationen dienen als Voraussetzung dafür um Veränderungen, wenn Bedarf und Fähigkeit besteht, in die Wege zu leiten; dann stellt sich die Frage, wer die Rolle des Trägers der Qualitätsentwicklung übernimmt.

Hier geht es um eine Dienstleistung, Kromrey nennt es auch Humandienstleistung. Dies alles löst weitere Fragen aus: wer ist hier zu evaluieren? Der Anbieter, der Nachfrager oder etwas beide? Und: wer evaluiert wen?

Kromrey nennt nun die Evaluation durch Umfrageforschung einen möglichen Ausweg aus dieser Misere. Dieses Modell sammelt Daten, wie z.B. Lehrbericht eines Fachbereichs, führt interne Evaluationen durch, stattet Vor-Ort-Besuche ab, fordert zu einem Evaluationsbericht der Peers auf und führt letztendlich ein „follow-up" durch, der als verbindlicher Vertrag konkrete Zielvereinbarungen festlegen soll, um Anstöße zu Qualitätsverbesserungen zu geben.

Aufgrund der Miteinbeziehung aller Beteiligten und Betroffenen in den Prozess und wegen des hohen Aufwandes an Kosten, Zeit und Personal schätzt Kromrey dieses Evaluations- und Qualitätssicherungsmodell als sehr anspruchsvoll ein.

Er stellt nun ein weiteres Modell vor, dass sich ausschließlich mit der Befragung von Studierenden beschäftigt. Diese Theorie stammt aus den USA und sie vertritt die Ansicht, dass „...ein aufwendiges Verfahren der Qualitätsbeurteilung durch

Evaluationsforschung..." entbehrlich ist (a.a.O., S. 247) und dass man Studierende als Experten einsetzen kann, da diese aus erster Hand fundiert und zuverlässig beurteilen können.

Dieses Modell wird von Kromrey aus folgenden Gründen kritisiert:
- die Studierende sind „Alltags-Evaluatoren"
- Globalaussagen werden getroffen im Gegensatz zu differenziert erhobenen Beurteilungen
- Evtl. Vorerfahrungen der Studierenden werden nicht berücksichtigt

Kromrey schlägt zu guter Letzt ein Konzept zur Evaluationsvorhaben innerhalb der Hochschule vor. „Ein Programm, eine Maßnahme, eine Einrichtung wird auf der Basis zielgerichtet gesammelter und aufbereiteter Informationen vom einem Evaluator...beurteilt, der abschließend ein Evaluationsgutachten mit Empfehlungen erstellt. Für das Gelingen dieses Konzepts ist es wesentlich, zu Beginn Klarheit darüber zu schaffen, welche Ziele verfolgt werden, welcher Informationsbedarf besteht, wer welche Kompetenzen hat." (a.a.O., S. 254)

Dabei sollen folgende Fragen eindeutig und verbindlich beantwortet werden:
1.) Wer ist zuständig für die Koordination und Durchführung des Evaluationsvorhabens?
2.) Wer evaluiert?
3.) Welche Informationen sind die Basis für die vorzunehmenden Bewertungen?
4.) Wer sind die Informanten?
5.) Was soll evaluiert werden und warum?
6.) Zu welchem Zweck soll evaluiert werden?

=> follow up

Und daraus resultiert dann die letzte und bereits weiter oben angesprochene Frage, wer der Träger des nun folgenden Qualitätsentwicklungs-Projekt ist.

Diesem Träger kommt die Aufgabe zu entscheiden und zu begründen, für welche Zielgruppe er die Dienstleistungen optimieren will und natürlich auch unter welchen Rahmenbedingungen. Dies heißt aber auch, dass er nicht allen Zielgruppen gerecht werden kann. Kromrey behauptet, dass dies oft zwangsläufig zu dem Ergebnis führt, dass „die Leistung für keine Gruppe von großem Nutzen ist" (a.a.O., S. 255). *„Ein Idealkonzept, das Utopie bleiben muß, nützt weniger und schadet mehr als ein Bündel kleiner Schritte in die gewünschte Richtung. "*(vgl. Kromrey 2000, S.256)

6. Resümee

Abschließend möchte ich anmerken, dass es nicht unbedingt einfach war, aus der Fülle des Materials eine schriftliche Ausarbeitung für ein Kurzreferat zu verfassen, da das Thema mindestens den Umfang einer Hausarbeit haben müsste. Einige Aspekte konnten daher leider nur kurz umrissen werden. Ich konnte durch diese Arbeit einen kleinen Einblick in den Bereich der Evaluationsforschung gewinnen.

Darüber hinaus musste ich feststellen, dass es leider kein Rezept für die Evaluationsforschung im System Hochschule gibt. Verschiedene Theorien und Möglichkeiten habe ich anhand von Literatur versucht aufzuzeigen, doch diese sind noch lange nicht vollständig.

Mit Gewissheit kann ich am Ende dieser Ausarbeitung feststellen, dass eine Evaluation, und nicht nur im System Hochschule, gut geplant sein will. Dennoch wird man wahrscheinlich während der Evaluation feststellen müssen, dass man einige Gesichtspunkte versäumt hat in Betracht zu ziehen.

Schon vor Beginn meiner schriftlichen Ausfertigung zu diesem Thema war ich der Evaluation etwas kritisch gegenüber eingestellt und ich bin es noch immer. Dasselbe Gefühl habe ich, wenn es um Statistiken geht. Wahrscheinlich stimmt es mich unzufrieden, dass man Sachverhalte, die man erforscht hat, nur gemittelt wiedergeben kann.

Mich hat diese Arbeit aber neugierig gemacht selbst einmal an einer Evaluationsforschung gestaltend mitzuwirken.

7. Literaturverzeichnis

Haupert, B.: Evaluation der Sozialarbeit. Konzepte und Begriffe – ein Überblick. In: Sozialarbeit – Fachzeitschrift des Schweizerischen Berufsverbandes, 21, S.3-8. 1989.

Heiner, M.: Evaluation und Effektivität in der sozialen Arbeit. Modelle, Methoden, Erfahrungen. 1986. In Oppl, H. u. Tomaschek, A. (Hrsg.): Soziale Arbeit 2000, Band 2. Modernisierungskrise und soziale Dienste (S. 71-105). Freiburg.

Hellstern, G.-M., Wollmann, H. (Hrsg.): Handbuch zur Evaluierungsforschung. Opladen 1984.

Jansen, T.: Evaluation eines didaktischen Designs für selbstgesteuerte Weiterbildung. In: Schenkel, P. / Holz, H.(Hrsg.): Evaluation multimedialer Lernprogramme und Lernkonzepte. Nürnberg 1995.

Knaurs Herkunftswörterbuch. München 1982.

Kromrey, H.: Qualität und Evaluation im System Hochschule. In: Stockmann, R. (Hrsg.): Evaluationsforschung. Grundlagen und ausgewählte Forschungsfelder. Opladen 2000.

Müller, C.W.: Evaluierung. In: Kreft / Mielenz (Hrsg.): Wörterbuch Soziale Arbeit. Weinheim und Basel 1996.

Müller, C.W.: Sozialpädagogische Evaluationsforschung. Ansätze und Methoden praxisbezogener Untersuchung. In Rauschenbach, T u. Thole, W.(Hrsg.): Sozialpädagogische Forschung. Gegenstand und Funktionen, Bereiche und Methoden (S. 157-177). Weinheim/München 1998.

Münch, J. / Müller, H.J.: Evaluation in der betrieblichen Weiterbildung als Aufgabe und Problem. In: Dürr, W. u.a.: Personalentwicklung und Weiterbildung in der Unternehmenskultur. Baltmannsweiler 1988.

Pons. Globalwörterbuch: Englisch – Deutsch. Stuttgart 1996.

Stockmann, R.: Evaluation in Deutschland. In: Stockmann, R. (Hrsg.): Evaluationsforschung. Grundlagen und ausgewählte Forschungsfelder. Opladen 2000.

Will / Winteler / Knapp: Evaluation in der beruflichen Aus- und Weiterbildung. Heidelberg 1987.

Zuschlag, B.: Widerstände gegen Evaluationsmaßnahmen. In : Evaluation in der berufliche Aus- und Weiterbildung. Heidelberg 1987.